This Book
BELONGS TO

____

____

____

COLOR THIS PAGE

COLOR THIS PAGE

COLOR THIS PAGE

COLOR THIS PAGE

COLOR THIS PAGE
COLOR THIS PAGE

COLOR THIS PAGE

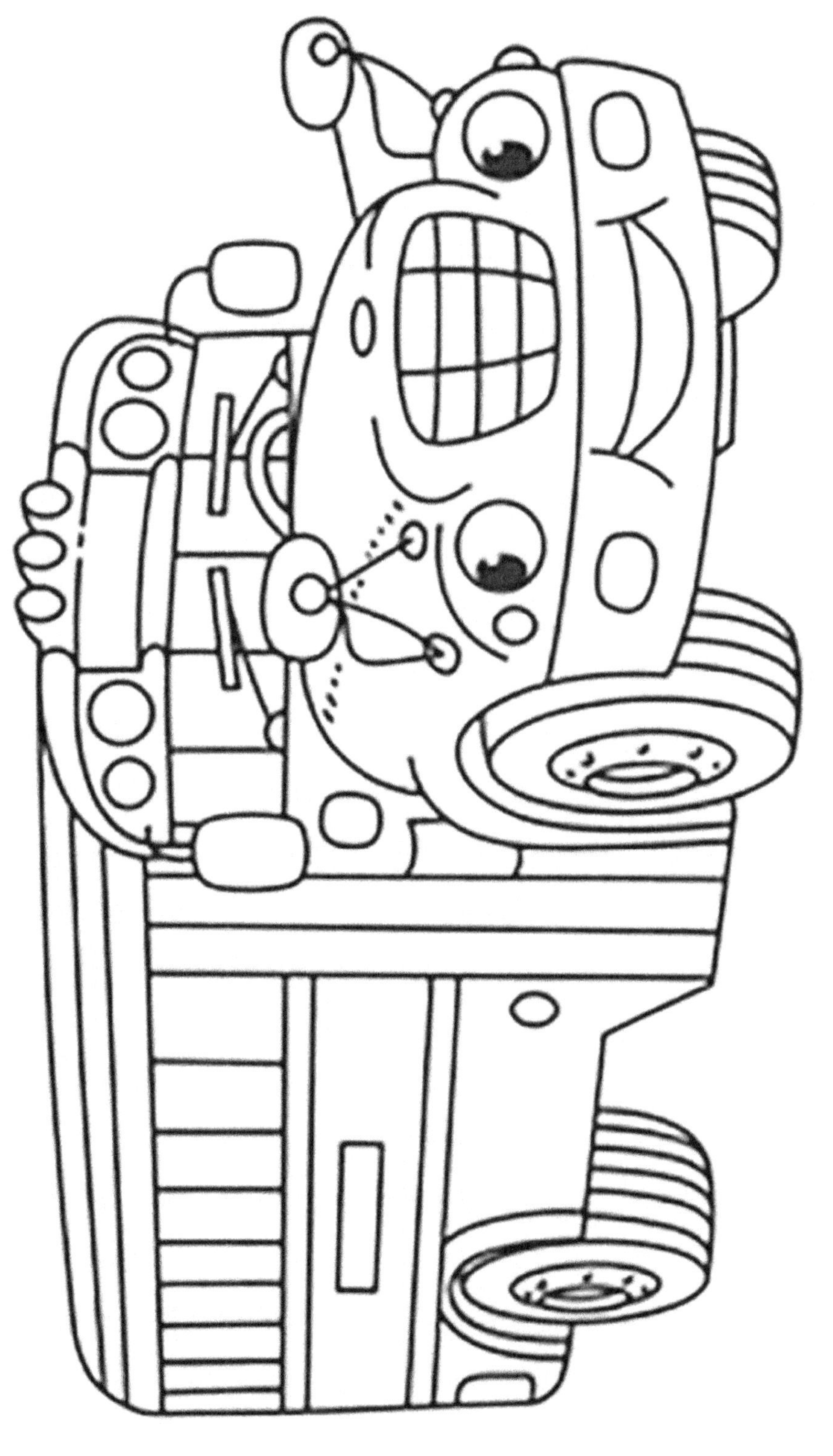

COLOR THIS PAGE

COLOR THIS PAGE

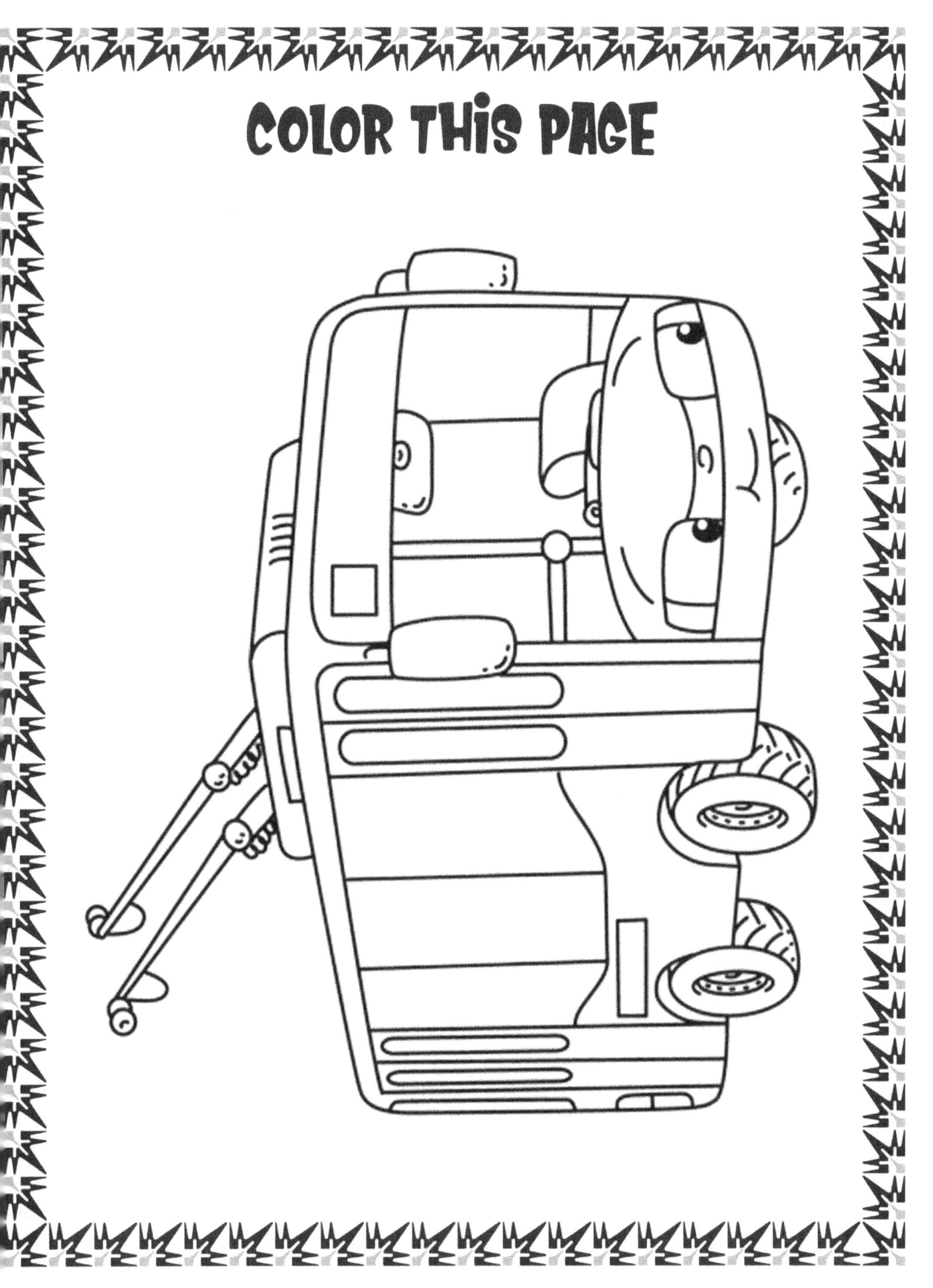

COLOR THIS PAGE

COLOR THIS PAGE

COLOR THIS PAGE

COLOR THIS PAGE

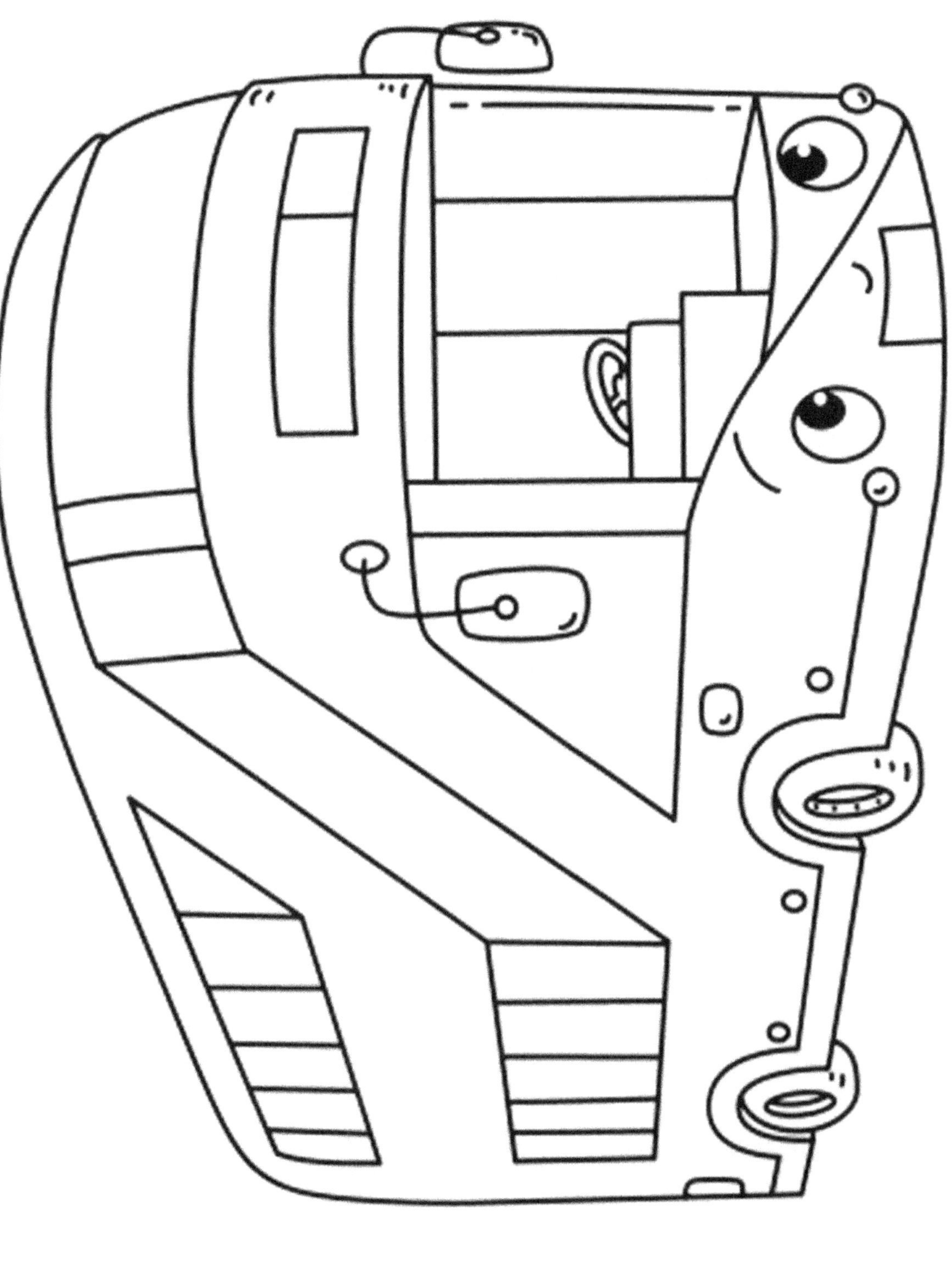

COLOR THIS PAGE

COLOR THIS PAGE

COLOR THIS PAGE

COLOR THIS PAGE

COLOR THIS PAGE

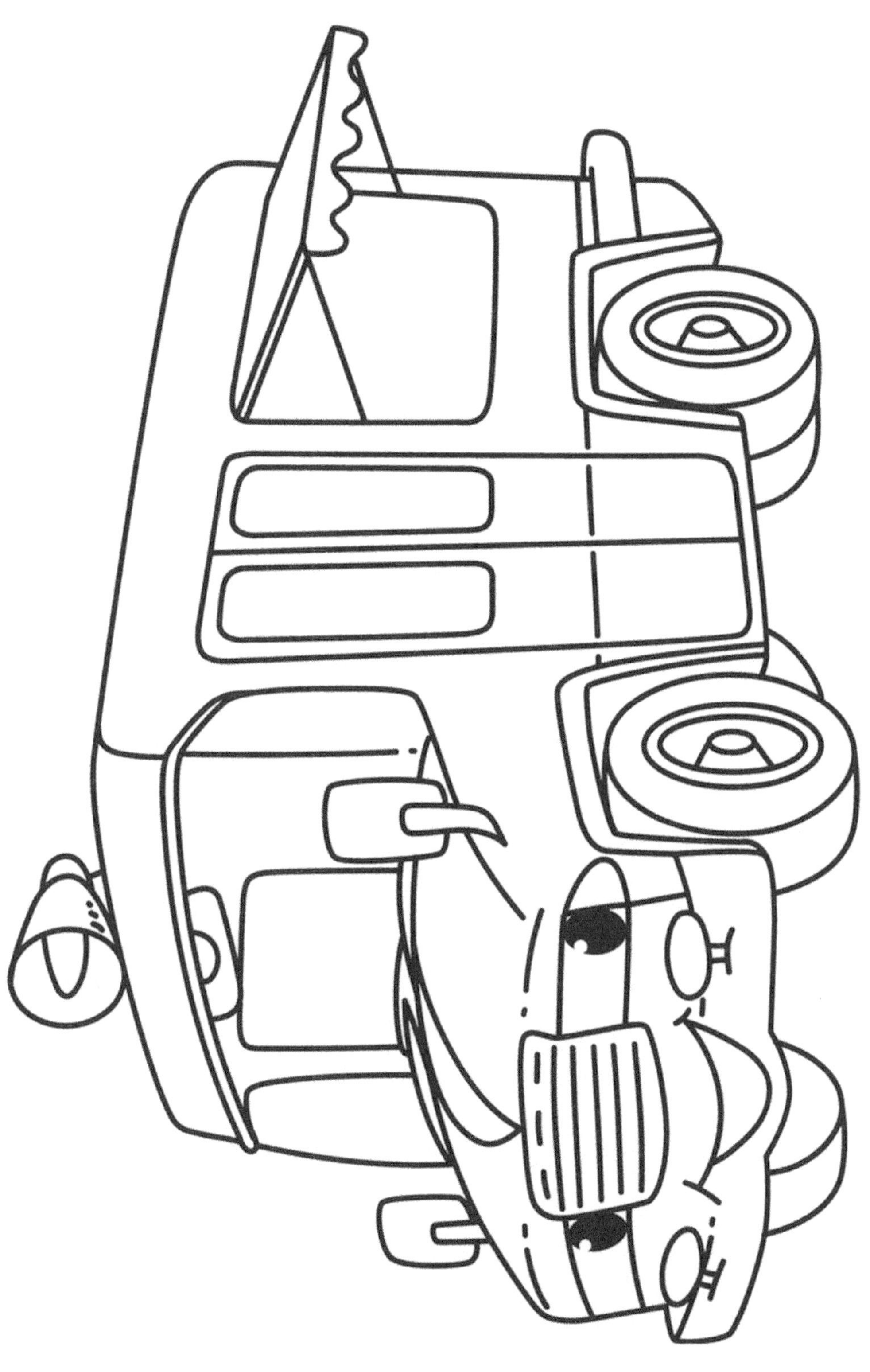

COLOR THIS PAGE

COLOR THIS PAGE

COLOR THIS PAGE

COLOR THIS PAGE

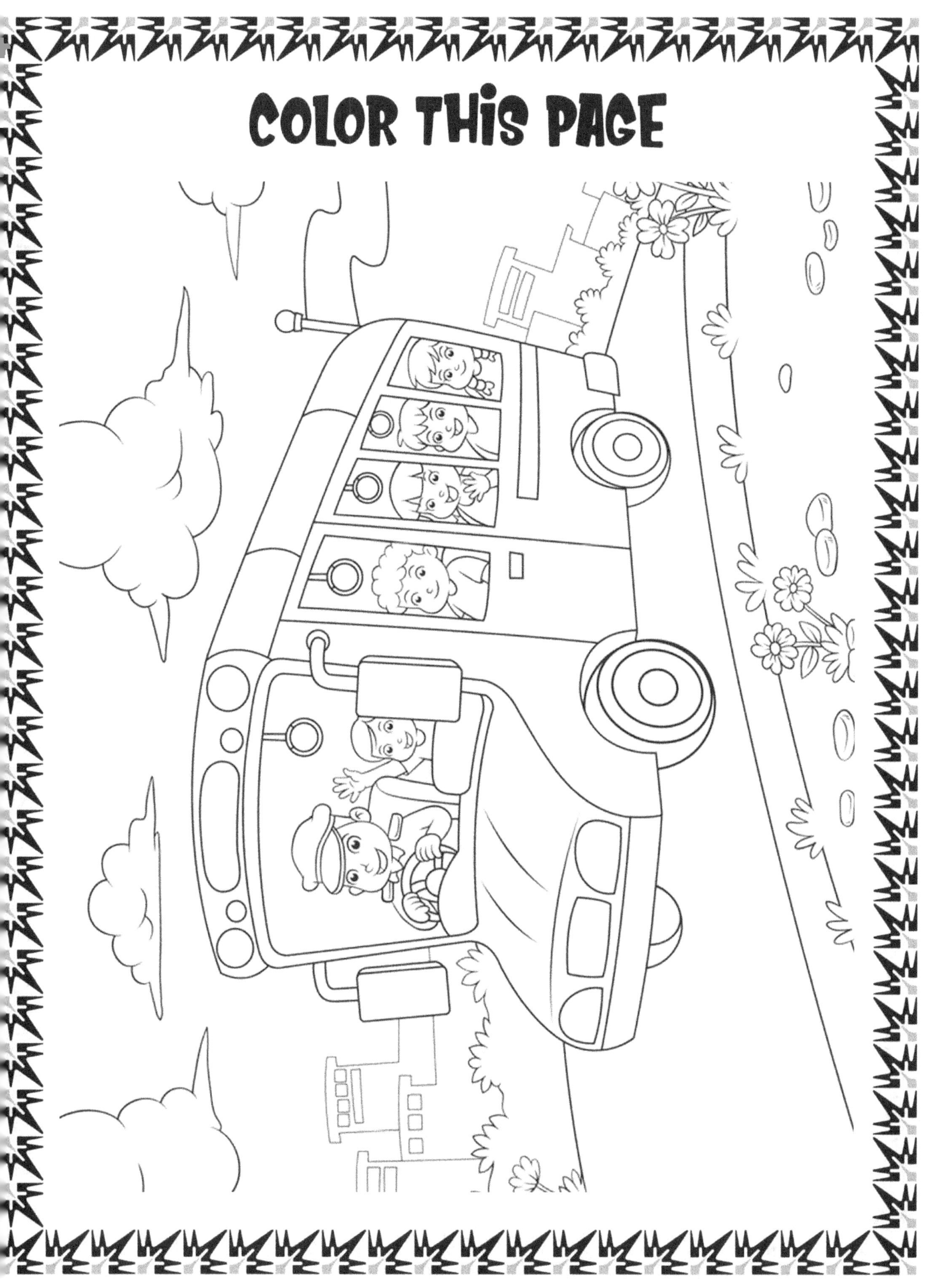

COLOR THIS PAGE

COLOR THIS PAGE

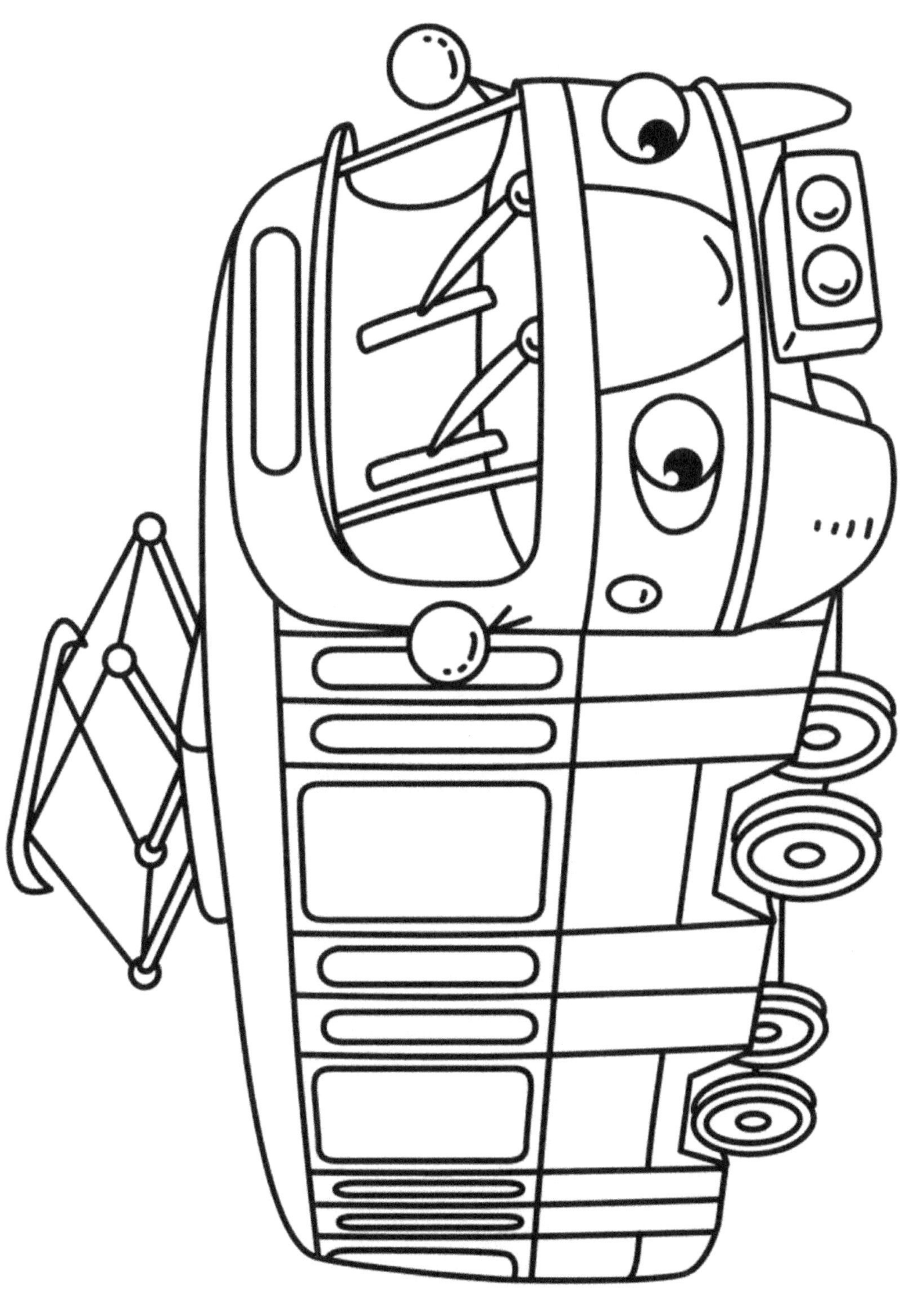

COLOR THIS PAGE

COLOR THIS PAGE

COLOR THIS PAGE

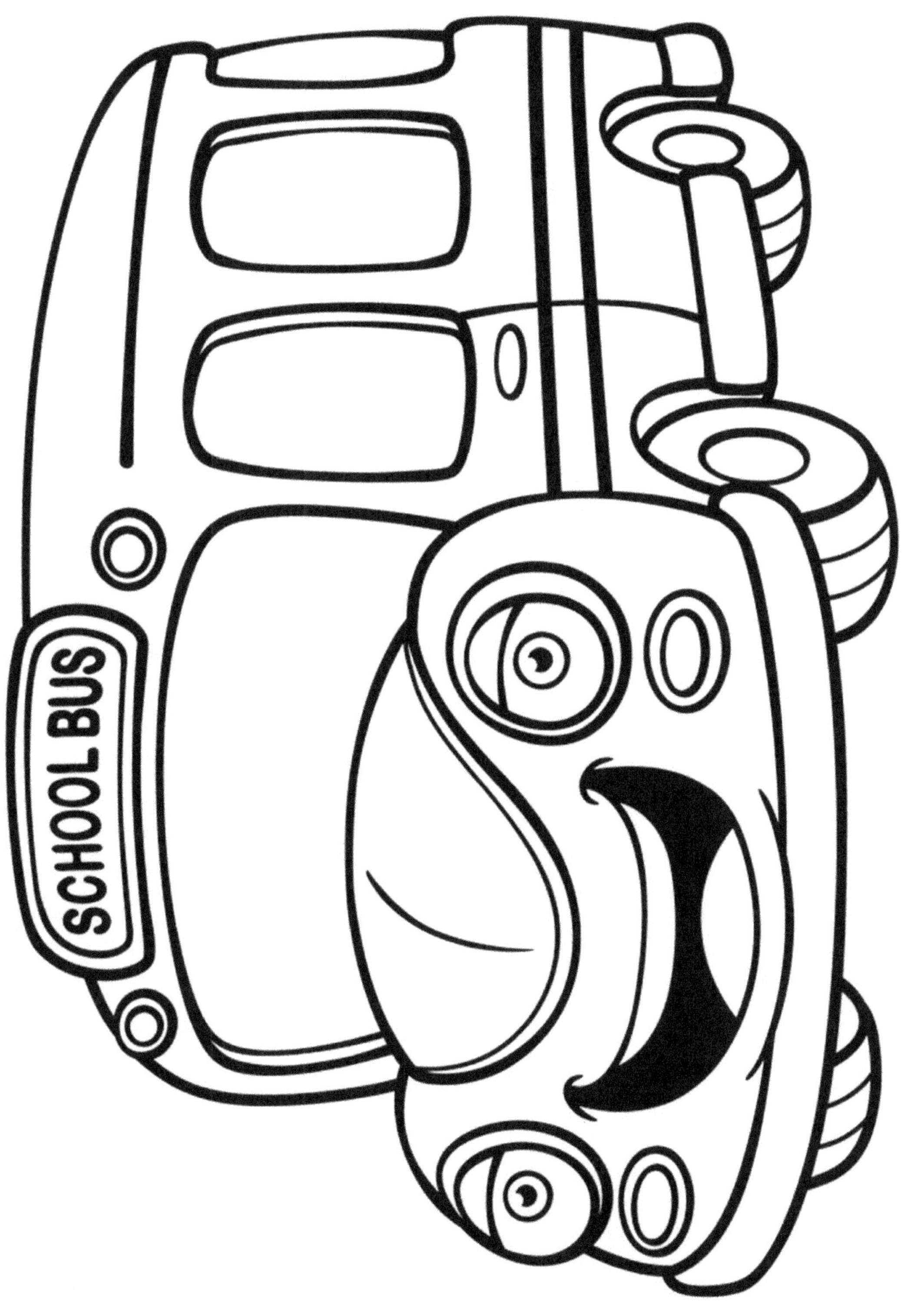

COLOR THIS PAGE

COLOR THIS PAGE

COLOR THIS PAGE

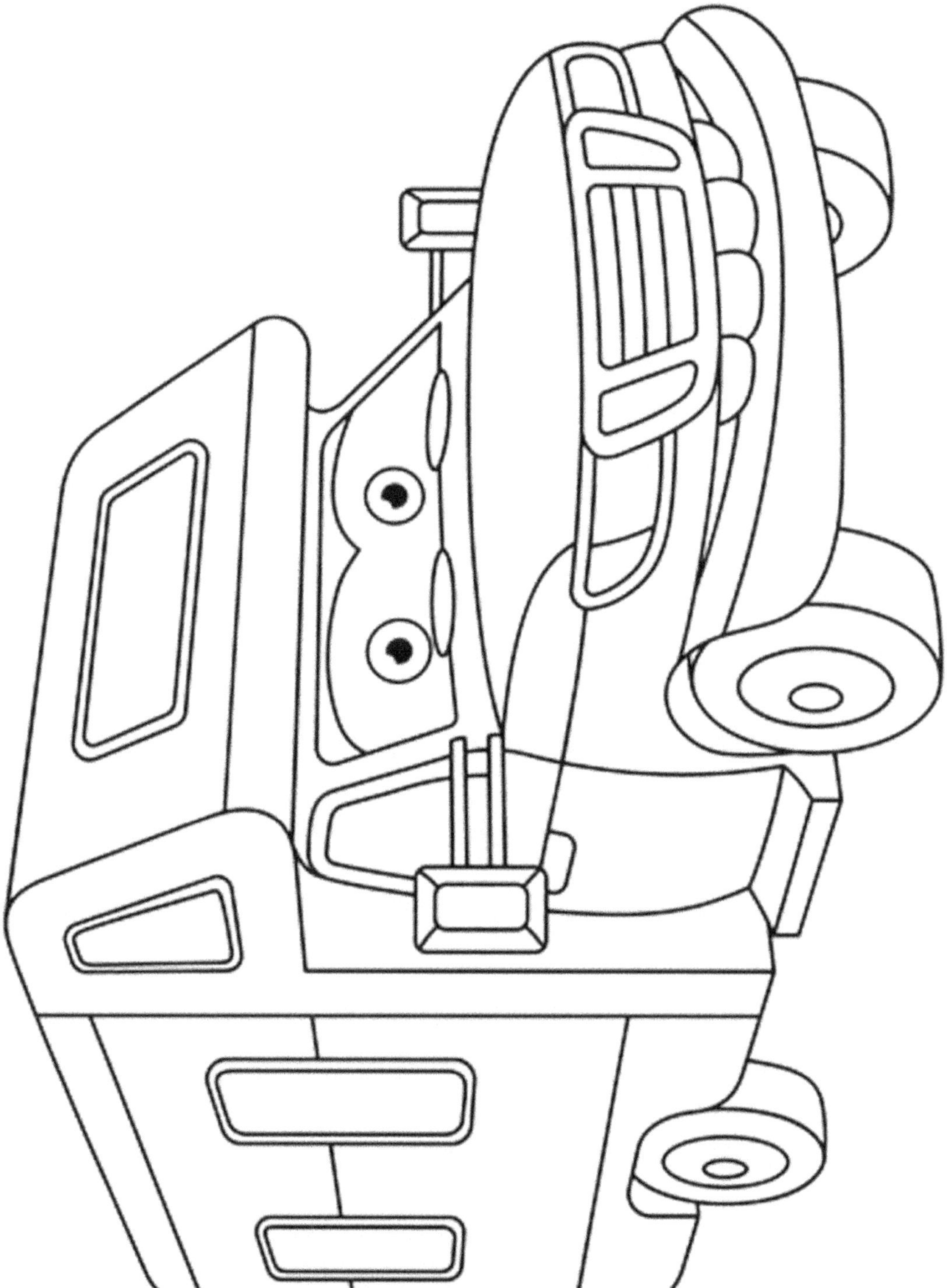

COLOR THIS PAGE

COLOR THIS PAGE

COLOR THIS PAGE

COLOR THIS PAGE

COLOR THIS PAGE

COLOR THIS PAGE

COLOR THIS PAGE

COLOR THIS PAGE

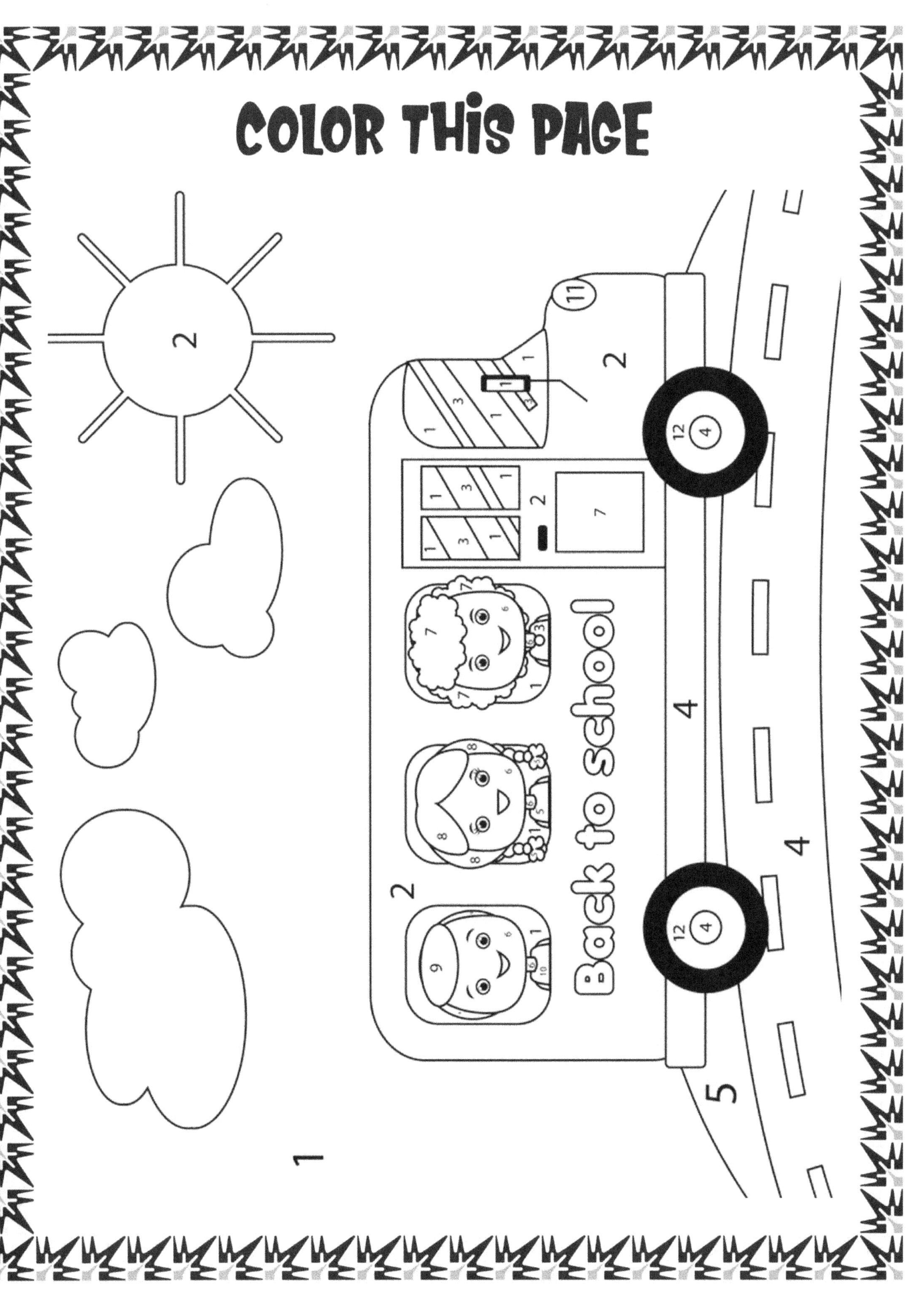

COLOR THIS PAGE

COLOR THIS PAGE

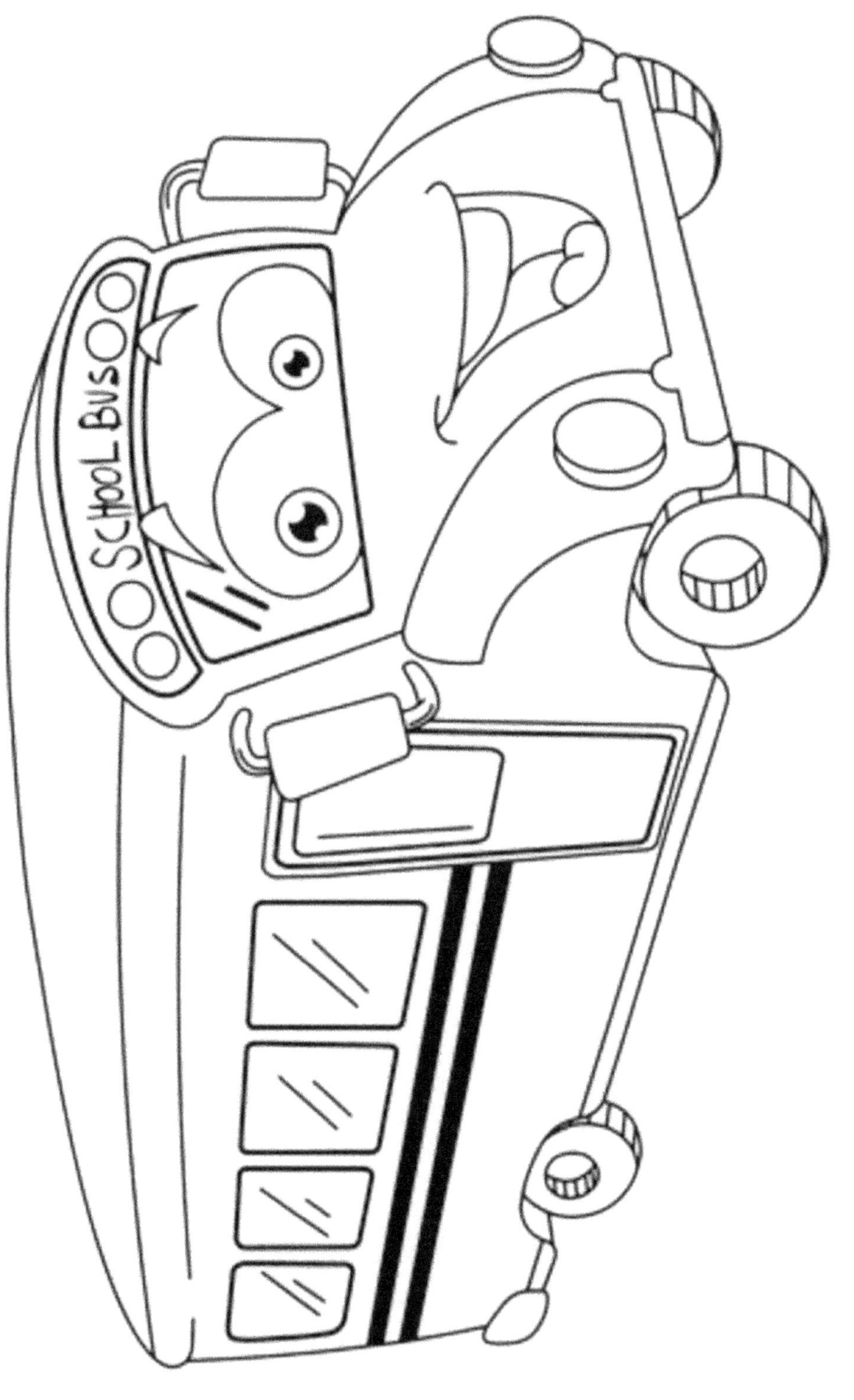

COLOR THIS PAGE

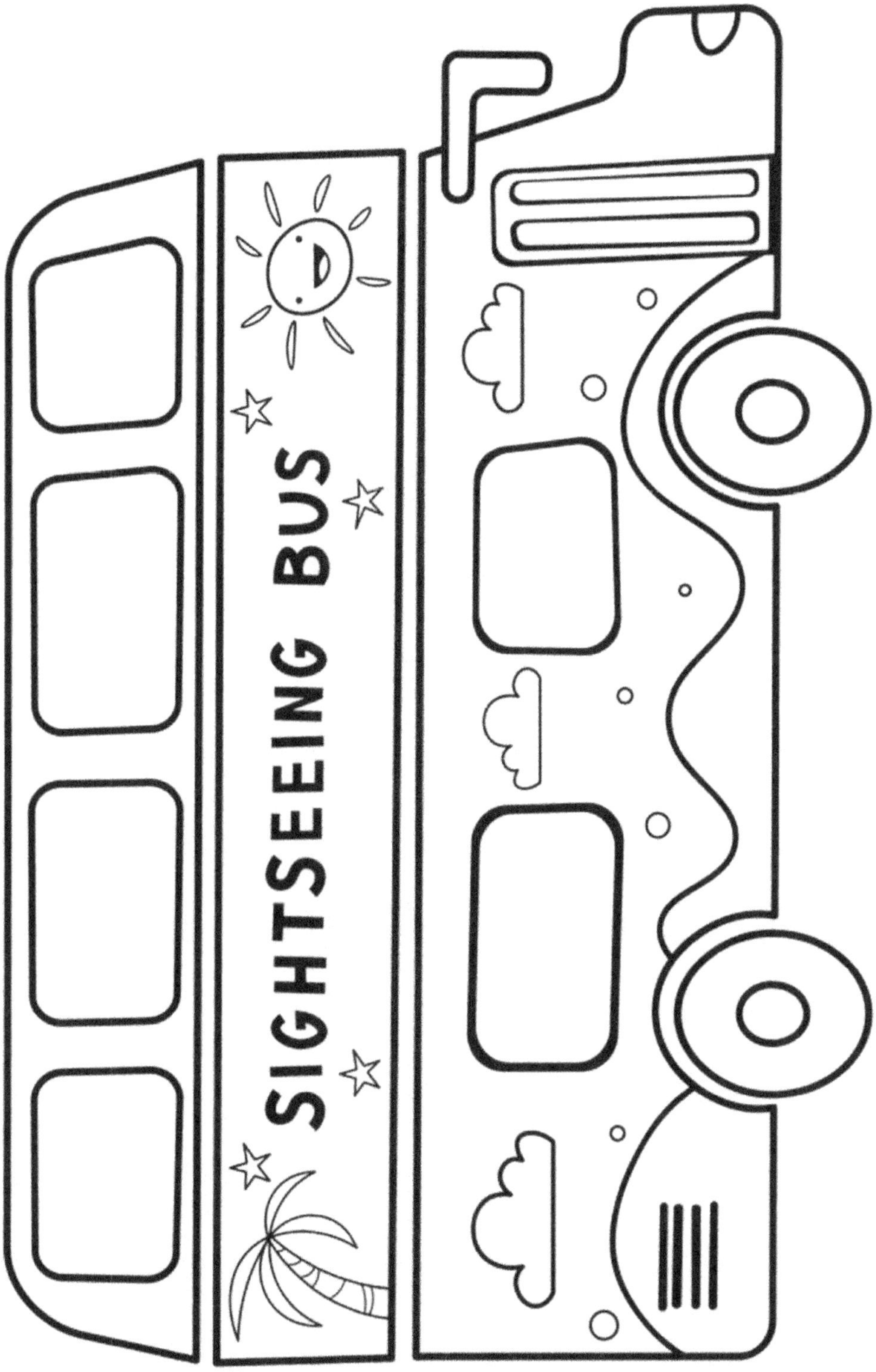

COLOR THIS PAGE

COLOR THIS PAGE

COLOR THIS PAGE

COLOR THIS PAGE

thank you

9 798584 781958